APRÈS DÉCÈS

ET COLLECTIONS

GESLIN

ARCHITECTE-ARCHÉOLOGUE

DU MUSÉE DU LOUVRE

DÉPARTEMENT DES ANTIQUES

PARIS

LIBRAIRIE CENTRALE DES CHEMINS DE FER

IMPRIMERIE CHAIX

SOCIÉTÉ ANONYME AU CAPITAL DE SIX MILLIONS

Rue Bergère, 20

1888

ŒUVRES ET COLLECTIONS

J.-CH. GESLIN

Dont la vente aux enchères publiques aura lieu

HOTEL DROUOT, salle n° 8, au 1er étage

Les Mardi 7, Mercredi 8, Jeudi 9 Février 1888

à 2 heures très précises,

Par le ministère de Me **TUAL**, Commissaire-Priseur,
rue de la Victoire, 56,

ASSISTÉ DE

MM. **ROLLIN** et **FEUARDENT**, Experts en médailles
et antiquités, rue de Louvois, 4,

de M. **B. LASQUIN**, Expert en tableaux et curiosités,
rue Laffitte, 12,

et de M. **S. MAYER**, Expert en gravures, rue Laffitte, 7.

EXPOSITION PUBLIQUE

Le Lundi 6 Février 1888, de 1 heure 1/2 à 5 heures 1/2.

EXPOSITION PARTICULIÈRE

au domicile de J.-Ch. Geslin, 21, rue La Condamine.
de 1 heure à 4 heures, du 23 au 29 Janvier.

La vente commencera le mardi 7 février, à 2 heures très précises, par les médailles et antiquités. pages 25 et suivantes.

CONDITIONS DE LA VENTE

Elle sera faite expressément au comptant.

Les acquéreurs paieront **cinq pour cent** en sus des adjudications. applicables aux frais de vente.

DÉSIGNATION

TABLEAUX

Œuvres de J.-Ch. GESLIN

1 — La place de la Concorde en 1847 (vue prise de la terrasse des Tuileries, côté du bord de l'eau).

2 — Ruines dans le Forum Romain (vue prise d'un des édicules des douze dieux sous la montée qui conduit au Capitole; à droite, les colonnes du temple de Saturne, connu autrefois sous le nom de temple de la Concorde, la colonne Focas, les trois colonnes du temple de Jupiter Tonnant, la voie Sacrée, l'arc de Septime-Sévère, l'église Sainte-Martine et le dôme de Saint-Luc, etc.

3 — Danseuse grecque.

4 — L'abside de Saint-Denis.

5 — Jumièges (ruines de l'abbaye).

6 — Pornic (le port en 1853).

7 — Ruines à Rome. — Temple de Saturne, colonne Focas; dans le fond le campanile de l'église Sainte-Françoise romaine (effet de jour).

8 — Le même (effet d'incendie).

9 — Le baptistère de Nocera (Italie).

10 — Sainte-Marie du Transtevère (à Rome) (inté-
    rieur).
11 — Grand temple de Pœstum (étude intérieur).
12 — Ruines du petit temple de Cérès à Pœstum
    (étude intérieur) (Salon).
13 — Vue d'ensemble du temple de Pœstum.
14 — Vue du Colysée (Salon).
15 — Ruines de Pompéi et le Vésuve.
16 — Vue d'une maison à Pompéi et le Vésuve.
17 — Un dolmen près de Pornic.
18 — Proclamation de la Constitution (1848) (esquisse).
19 — Étude sur Pompéi.
20 — Étude sur Pœstum.
21 — Étude d'un intérieur de maison à Pompéi.
22 — Autre étude d'un intérieur de maison à Pompéi.
23 — Une vue de Rome.
24 — Vue, intérieur de Saint-Germain-des-Prés.
25 — Une vue de la source de Pornic.
26 — La sablonnière de Cheptainville.
27 — Campagne de Rome.
28 — Les brisants de Pornic.
29 — Intérieur du jardin de J.-Ch. Geslin.
30 — Étude de nu (esquisse).
31 — Intérieur du Colysée.
32 — Une vue de Pornic (le soir).
33 — Paysage.
34 — Nature morte (fruits).
35 — Nature morte (légumes).
36 — Intérieur de la prison à Chartres.
37 — Pompéi.
38 — Autre vue de Pompéi.

39 — Grande vue de Pompéi avec le Vésuve au fond.
40 — Copie d'une statue en bronze d'Isis.
41 — Étude de rochers.
42 — Les cagnards et l'Hôtel-Dieu.
42 *bis* Pæstum, intérieur d'un temple.

TABLEAUX

Œuvres de divers Auteurs

43 — GIRODET. — Esquisse de la tête de Borée (pastel).
44 — GUÉRIN. — Esquisse de la tête de Phèdre et de
la confidente.
45 —   ? . — Mort de Patrocle (École italienne).
46 — ROSALBIN. -- La moisson.
47 — JOURNAULT. — Paysage africain.
48 — Jésus et la Samaritaine, attribué à LESUEUR.
49 — PICOT. — Scène de Daphnis et Chloé (étude).
50 — École italienne : Bergers et ruines, attribué à
PANINI.
51 — École italienne : Une vierge donnant le sein à
l'enfant Jésus, tableau ancien, cadre Louis XIV
en bois sculpté.
52 — Attribuée à TIEPOLO. — Esquisse.
53 — École italienne : Nature morte, attribuée à CER-
GNOZZI.
54 — Une vue de Rome (École moderne).
55 — Vue d'une ville d'Italie (École moderne).

56 — Tableau ancien sur bois représentant un saint
(École gréco-russe).

57 — Tableau ancien sur bois représentant la Vierge
serrant dans ses bras l'enfant Jésus (École
gréco-russe).

58 — Bouton. — Intérieur d'une église italienne (Dessins
à la sépia).

59 — La chaste Suzanne, attribué au Primatice.

60 — Étude de tête par Pils, donnée par lui à J.-Ch.
Geslin.

61 — Copie d'une peinture murale de Pompéi.

62 — Tête de jeune fille.

63 — Tableau d'architecture.

64 — Tableau de la Religion, copie du tableau de
Lesueur qui se trouvait en Italie dans la
galerie du cardinal Fesch.

65 — Les Heures, copie du tableau du Poussin, même
origine.

66 — Salvator Rosa. — Paysage.

67 — Salvator Rosa. — Autre Paysage.

DESSINS & AQUARELLES

68 — Maison de Pompéi, aquarelle.

69 — Effet de neige, aquarelle.

70 — Plombières, aquarelle.

71 — Tombeau étrusque (dessin).

72 — Retour d'Ulysse, copie de la peinture murale
de la maison de Castor et Pollux à Pompéi.

73 — Fontaine du Luxembourg (dessin à la plume).

74 — Concours pour les timbres-poste (dessin à la plume de J.-Ch. Geslin).

75 — Les Cagnards de l'Hôtel-Dieu (aquarelle).

76 — Album de 106 dessins et aquarelles représentant des vues de l'ancien Paris, Montmartre, etc. Versailles, paysages de la vallée de la Seine, Pornic, Plombières, Dijon, Lyon, etc.

77 — Album de 127 dessins et aquarelles, études sur les églises de Saint-Denis, Saint-Germain-des-Prés, Saint-Julien-le-Pauvre, Limoges et principalement la cathédrale de Chartres étudiée dans tous ses détails (vitraux, mosaïques, statues, sculptures, etc.).

78 — Album. Vues d'Italie (Rome, Pœstum, Assises.) Églises, paysage, costumes, types, etc.

79 — Album. Études et croquis au crayon sur la tête et le corps humain.

79 *bis* Un carton, dessins et aquarelles de différents auteurs.

DESSINS & PROJETS

d'Art Industriel et Commercial

80 — Un carton contenant l'Ameublement de la Galerie d'Apollon, la décoration pour une cérémonie dans la salle des États au Louvre, projets d'ameublement et de décoration pour l'aile (bord de l'eau) des Tuileries, etc.

81 — Un carton contenant des projets et esquisses de mobiliers, tentures, projets de tapis, vases, flambeaux, modèles pour la cristallerie, etc.

82 — Un carton contenant des modèles pour l'art industriel pris sur les peintures et les vases antiques, grecs et romains, etc.

83 — Un carton contenant des projets d'ornements divers pris dans tous les temps et dans tous les pays : Égypte, Inde, Grèce, Italie, Renaissance, xviiᵉ siècle, etc.

84 — Un carton renfermant des modèles de fleurs de toutes sortes pour les besoins de l'industrie.

85 — Un album composé avec les menus modèles, soit créés par J.-Ch. Geslin, soit copiés ou imités de l'ancien pour la bijouterie, l'orfèvrerie, la tabletterie, etc.

85 *bis* Aquarelle : environs de Rome.

85 *ter* Aquarelle : Pœstum.

85 ⁴— Aquarelle : Pompéi.

85 ⁵— Aquarelle : Marine.

85 ⁶— Aquarelle : Environs de Rome.

GRAVURE

**Gravure d'art.—Portraits.—Reproduction de tableaux.
Gravure d'architecture.**

Ces gravures seront vendues séparément et en lots.

86 — Un carton. Graveurs français des xviᵉ et xviiᵉ siècles.

87 — Un carton. Graveurs étrangers des XVIe et XVIIe siècles.

88-90 Trois cartons. Graveurs français du XVIIIe siècle, 88 de A à D ; — 89 de E à P ; — 90 de P à W.

91 — Un carton. Graveurs étrangers du XVIIIe siècle.

92 — Un carton. Graveurs de la Révolution (français).

93 — Un carton. Graveurs du XIXe siècle (français et étrangers).

93 *bis* Un carton. Graveurs du XIXe siècle : étrangers; allégories; reproductions de tableaux.

94 — Un carton. Gravures des XVIe, XVIIe, XVIIIe et XIXe siècles, sans signatures.

95 — Un carton. Gravures avant la lettre.

96 — Un carton rempli de gravures, grand format et fort belles, et contenant 29 calcographies du Louvre.

97 — Un carton. Gravures, villes, châteaux-forts, reproductions de tableaux, scènes historiques, etc.

98 — Un carton. Gravures d'architecture : plans, détails et frontispices du palais royal de Stockholm ; façade des Tuileries ; le Pont-Neuf en 1739 ; Collège des Quatre Nations; ancien Hôtel de Ville de Paris, etc., etc.

99 — Un carton. Études d'architecture et d'ornements gravés : Villa moderne, Loges du Vatican, Chapelle Sixtine, Palais Pallavicina (Photographies et gravures arabesques décoratives).

100 — Un carton. Petro Ferrerio, peintre architecte : Palais de Rome.

101 — Un carton. Recueil des décorations du baptême
du duc de Bordeaux. — Gravures d'après
l'antique (architecture et sculpture). — Le
temple de la Fortune Prenestina (édition
Filippo et Nicolas, Rome, 1826) — Architecture antique (Rome, Panthéon, thermes
d'Agrippa, etc.). — Architecture moderne
(serres chaudes du Museum). — Églises prin-
cipales de l'Europe : Saint-François d'Assises, etc.

102 — Un carton. K. du Jardin, Berghem, P. Potter :
animaux et paysages.

103 — Un carton. Gravures concernant la marine.

104 — Triomphe de l'empereur Sigismond-Auguste à
Mantoue. — Suite de gravures anciennes par
Jules Romain et Petrus Sandos Bartolus.

105 — Œuvres de Flaxman, gravées au trait par
Reveil.

106 — Calcographie complète de la colonne Antonine,
Rome 1779.

107 — Les travaux d'Ulysse, 1 vol. d'estampes gravé
par Van Tulden.

108 — Recueil des statues antiques, par François
Perrier le Bourguignon.

109 — La grande galerie de Versailles et les deux
salons qui l'accompagnent peints par Lebrun,
dessinés par Massé et gravés par les meil-
leurs maîtres du temps ; Paris 1752.

109 *bis* Belle gravure, description d'une cavalcade en
l'honneur de Clément VII, xviiie siècle,
Rome 1638.

110 — Souvenir d'une promenade à Versailles ; Paris, Gavard, 1843.

111 — Statues de l'Antiquité, par Bouillon.

112 — Voyages pittoresques et romantiques dans l'ancienne France, par Taylor, Nodier et de Cailleux.

113 — Colonne Trajane, statues et groupes, gravures d'après l'antique de différents auteurs.

114 — Un carton de gravures d'architecture antique : Pompéi, vues d'intérieurs.

115 — Décoration d'après l'antique (un carton).

115 *bis* Statues antiques, bustes, groupes (un carton).

116 — Une boîte contenant des dessins d'architecture moderne et de la Renaissance, bas-reliefs, statues, fontaines, monuments, etc.

117 — Les gemmes et joyaux de la Couronne, ouvrage de M. Barbey de Jouy, illustré par Jules Jacquemart d'après les originaux.

118 — Œuvre décorative de Le Pautre (un carton, 132 planches).

119 — Sept cartons. L'art de la décoration depuis l'antiquité jusqu'au temps moderne. Chaque carton indique une époque : Antiquité, moyen âge, Renaissance, Louis XIV, Louis XV, Louis XVI, époque moderne.

182 — Carton de l'ingénieur et de l'architecte (chemins de fer, canaux, etc.).

183 — Cartes de géographie, plans, etc., etc.

— — —

LITHOGRAPHIES

120 — Un carton plans, monuments, maisons du vieux
Paris.

121 — Vues de France, monuments, châteaux, etc.
(Est, Nord, Ouest, Midi).

122 — Gravures et lithographies : architecture assy-
rienne, russe et chrétienne. Vues des ruines
de Palmyre, Bolbec, etc.

123 — Images en couleur, anciennes et contempo-
raines.

124 — Portrait de princes et princesses étrangers.

125 — Portraits d'hommes célèbres, peintres, archi-
tectes, sculpteurs, écrivains xviiie et xix^e
siècles.

126 — Célébrités du xixe siècle, avocats, orateurs, dé-
putés, hommes de guerre, etc.

127 — Artistes, musiciens, acteurs (costumes des
rôles), femmes célèbres.

128 — Célébrités, publications spéciales; courrier des
spectacles, galerie de la presse.

129 — Carton : Imagerie catholique (pièces rares) : dessins à la plume ancienne et quelques lithographies concernant la franc-maçonnerie : Imagerie populaire.

130 — Carton plantes, fleurs, animaux (lithographies).

131 — Paysages divers (dessins et lithographies).

132 et 132 *bis*. — Spécimen des lithographies de Victor Adam, Deveria, Ducarne, Delpech, Villain, Engelmann, etc.

133 — Lithographies concernant l'ethnographie (Russie, Asie, Afrique.)

134 — Dessins, plantes et fleurs pour papiers peints (lithographies diverses.)

135 — Dessins d'art industriel. Étoffes, vases, tapis.

136 — Dessins d'art industriel. Bronzes, ameublements.

136 *bis* et 136 *ter*. — Dessins d'art iudustriel. Vases, casques, etc., etc.

137 — Lithographies d'animaux.

138 — Lithographies sur le cheval.

138 *bis*. — Frontispices, vignettes, culs-de-lampe.

COLLECTION DE GRAVURES & LITHOGRAPHIES

Au point de vue historique,
depuis Louis XVI jusqu'en 1871.

Portraits. — Faits historiques. — Allégories du temps.

139 — Louis XVI.

140 — Révolution.

141 — Bonaparte et Napoléon.

142 — Restauration.

143 — Révolution de 1830. — Louis-Philippe. — 1848. — Napoléon III. — 1870 et 1871.

144 — Comte de Chambord et sa famille.

LE COSTUME & LES COUTUMES

(Dessins, Aquarelles, Lithographies, Costumes).

145 — Le costume en France à toutes les époques.

146 — Mœurs et coutumes italiennes, sardes et étrangères, 1840 à 1844.

147 — Recueil des journaux de modes.

148 — Uniformes français et étrangers (plusieurs planches datent de la Restauration : beaucoup sont signées.)

149 — Caricatures. — Premières lithographies, essais. — Quelques gravures d'Horace Vernet.

PHOTOGRAPHIES

150 — Photographies de monuments.

150 *bis*. — Photographies de manuscrits (grande dimension.)

151 — Photographies diverses.

151 *bis*. — Photographies diverses.

151 *ter*. — Photographies diverses.

152 — Photographies (Paris et environs.)

153 — Photographies : reproduction de gravures, meubles d'art, tableaux, etc.

154 — Photographies : Numidie, Égypte, Algérie, Grèce, Constantinople, etc.

CURIOSITÉS

155 — Un carton de chinoiseries de toutes sortes.

156 — Imagerie populaire (Chine, Japon, Inde).

157 — Images nationales (costumes et miniatures anciennes).

158 — Collection d'autographes, et le journal *l'Autographe*.

159 — Collection de jeux de cartes.

160 — Une peau de singe.

161 — Échantillons d'étoffes anciennes et grands peignes d'écaille espagnols.

162 — Étoffes indiennes, ceintures, étoffes de papier.

163 — Costumes, chaussures, écharpes, parures chinoises, turques, africaines.

164 — Costumes italiens, etc.

165 — Tablier en cuir de Cordoue, buriné. — Ce tablier a appartenu au roi Louis XVI. Il se trouve dans la famille Geslin depuis 1812.

Un grand nombre de faïences, pots, hanaps, plats, assiettes, etc., chinois, Moustier, Strasbourg, Rouen, Sèvres, etc., etc.

Un grand nombre d'objets d'ethnographie, arcs, flèches, serrure africaine, balances chinoises, etc.

166 — Une petite boîte vitrée pleine de curiosités.

166 *bis* — Un tableau de marqueterie en bois de 1669.

167 — Tableau chinois représentant l'assemblée des dieux.

168 — Un bélier (tableau persan).

169, 169 *bis*, 169 *ter* — Tableaux chinois (intérieur).

170 — Cinq petits tableaux orientaux.

DESSINS ET AQUARELLES ARCHÉOLOGIQUES

Dessinés et peints par J.-Ch. GESLIN.

Types uniques ou exemplaires rares, copie dessinée aux
deux crayons ou peinte à l'aquarelle, soit au British
Museum, soit au musée Campana, soit dans d'autres
musées d'État, soit dans d'autres collections parti-
culières, par J.-Ch. Geslin, avec le souci le plus
scrupuleux de la vérité. L'artiste a eu soin de re-
produire même les usures ou les avaries survenues
à l'objet précieux qu'il reproduisait, et d'indiquer
son numéro, quand il fait partie d'un musée ou
d'une collection particulière connue.

Neuf cents planches : Collection unique.

CARTON N° 8

I. — Figurines, Têtes, Masques et Groupes.

(Terres cuites coloriées ou non.)

1 planche. Torse (British museum).
13 planches. Rhodes (id.).
5 planches. Céramique grecque (collection Argyropoulos d'Athènes et collection Campana).

8 planches. Grande Grèce (collection Campana et Castellani).

7 planches. Béotie (Thespis, Megara, Tunagra,) coll. Rollin et Feuardent et coll. Argyropoulos.

1 planche. Cyrnée (Asie Mineure), coll. Argyropoulos.

5 planches. Tegea et Thèbes (coll. British Museum).

4 planches. Art égyptien (époque romaine Hadrien), coll. Campana.

3 planches. Art phénicien (coll. Campana).

14 planches. Athènes, Milo, Sicile (coll. British Museum et Campana).

II. — Jouets chez les Anciens.

(Terres cuites.)

9 planches. Hochets, poupées, etc. (Rhodes, Chypre) coll. M. Camille Lécuyer, Argyropoulos, British Museum, Campana, Rollin et Feuardent.

III. — Bijoux chez les Anciens.

9 planches (Rhodes, Chypre et Phénicie), coll. Campana, Demetrio.

IV. — Marine chez les Anciens.

11 planches (Colonne Trajane) coll. Campana, British Museum, Pompeïa.

V. — Serrurerie de l'antiquité à nos jours.

9 planches.

VI. — **Monuments funéraires.**

4 planches. Monuments phénico-lybiens (Mission de Tunisie.)

8 planches. Grottes sépulcrales de Rome à Florence et monuments funéraires étrusques (dessins et aquarelles faits sur place).

20 planches. Monuments de Phénicie. (Missions de Phénicie.)

2 planches. Monuments (collection Campana).

1 planche. Macédoine.

7 planches. Monuments (musée du Vatican).

2 planches. Salerne.

15 planches. Étrusque (collection Campana).

VII. — **Antéfixes.**

21 planches. Collection Campana.

VIII. — **Bas-reliefs.**

11 planches. (Vatican et colonne Trajane.)

CARTON N° 9. — **BRONZES**

I. — **Figurines.**

38 planches. Louvre, British museum; Cayx de Saint-Aymont; Rollin et Feuardent; Argyropoulos; Pulsky, Charvet, Piat et Forest.

II. — **Objets divers.**

24 planches. Campana. Castellani. Charvet. Pulski.
Chiffet à Besançon. Musée de Naples. Charvet.

III. — **Vases.**

12 planches. Castellani. Campana. Charvet. Argyropoulos.

IV. — **Armes antiques.**

43 planches. Casours (collection Renan). Campana.
Castellani. Musées Capitolins. Arc de Constantin.
6 planches. Balles de fronde, Argyropoulos.
10 planches. Armures (collection Campana).

V. — **Outils.**

11 planches. Musée Campana, Piat.

VI. — **Armes gauloises.**

15 planches, — Louvre, — Carraud, — Rollin et
Feuardent, — Dijon, — Victor Petit.

VII. — **Armes espagnoles.**

Campana. musée Borbonico, Naples.

CARTON N° 10

Vases antiques.

11 planches. Syro-phéniciens. (Campana : Rollin et Feuardent. British museum. Louvre.)

1 planche. Phéniciens (mission Renan. Louvre).

3 planches. Phéniciens (trouvés à Kertsch).

18 planches. Corinthiens. Louvre : Argyropoulos.

3 planches. Musée de Boulogne.

4 planches. Céramique des îles : Castellani.

15 planches. Étrusque : Collection Albert Barre. British museum, Campana.

5 planches. Corinthien.

1 planche. Dessin, représentant une cave remplie d'amphores, à Pompéi, dessinée d'après nature, par Geslin, en 1884 (maison du Labyrinthe).

9 planches. Amphores.

3 planches. Vases athéniens.

27 planches. Vases à figures noires (Castellani, Campana).

4 planches. Instruments de musique sur les vases peints (Campana).

4 planches. Coiffures.

3 planches. Vases de Gnatia. (Castellani. Louvre.)

1 planche. Un vase (grandeur nature) terre émaillée. Louvre.

7 planches. Vases de la décadence.

4 planches. Vases de Cumes (Campana).

7 planches. Céramique grecque (Rollin et Feuardent. Campana).

25 planches. Canusiens (Campana). Collection Janzé,
 Castellani.
10 planches. Vases antiques de verre (Caylus).
19 planches. Chypriotes.
14 planches. Grecques (Charvet).

CARTON N° II

I. — **Art assyrien** *(Monuments divers)*.

1 planche. Lingots d'aciers. — Khorsabad. (British
 Museum).
3 planches. Vases assyriens.
15 planches. Statuaire. (British Museum).
11 planches. Types. (British Museum).
15 planches. Armes et guerriers. (British Museum).
34 planches. Chevaux, outils, meubles. (British Museum).

II. — **Asie : Génie malfaisant** *(haute antiquité)*.

8 planches. Différentes provenances.

III. — **Art antique et chrétien : Sépulture pierre et terre cuite ; Fragments divers.**

35 planches. Bas-reliefs, chapiteaux, antéfixes, etc.
 Campana, Vatican, provenances diverses.
7 planches. Colonnes de marbres (copiées dans différentes églises d'Italie).

IV. — **Art antique : Monstres, animaux chimériques.**

15 planches. Campana. Rollin et Feuardent.

V. — **Statuaire : Costumes.**

29 planches. Naples. Musée Borbonico. — Vatican. —
Campana. (British Museum).
8 planches. Marbres de Lycie, art assyrien (British
Museum).
7 planches. Chaussures.

CARTON N° 13

I. — **Céramique punique.**

2 planches. Musée de Dijon.

II. — **Céramique chypriote.**

20 planches. Rollin et Feuardent.

III. — **Phénicie.**

29 planches. Monuments divers: Granit, bronze, pierre
peinte, verre (British Museum). Rollin et Feuardent : Louvre.

IV. — Sculpture chypriote.

(Terres cuites, marbres.)

70 planches. Rollin et Feuardent (British Museum),
Louvre, Castellani.

V. — Bronzes chypriotes.

2 planches. Collection Charvet et collection Cesnola.

VI. — Vases du plus ancien style.

1 planche. Bas-reliefs étrusques. Collection Campana.
1 planches. Phénico-grecs.
15 planches. Rhodes: Vases. (British Museum et musée
du Louvre).
7 planches. Rhodes: Plats peints très anciens. (Rollin
et Feuardent).
7 planches. Camirus.

ARCHÉOLOGIE

Par suite du manque de temps et d'une série de coïncidences regrettables, il a été impossible de faire une description détaillée de la plus grande et plus importante partie des collections archéologiques de J.-Ch. Geslin. On a dû se borner à en faire une nomenclature sommaire qui puisse donner une idée de leur variété et de leur importance artistique.

Les lots importants seront divisés.

CÉRAMIQUE ROMAINE & GRECQUE

VASES

1 — 69 pièces SICILE ET GRÈCE, décor noir primitif, dont plusieurs coupes d'un dessin et d'une forme remarquables et en particulier un grand vase à deux anses élevées, ayant 0ᵐ75 de haut, 0ᵐ45 de diamètre. Sur la panse à fond noir se détachent de fort beaux dessins.

2 — 24 pièces. Bruttium, coupes et vases de différentes formes.

3 — 10 vases. Locride.

4 — 40 pièces. Nola, (Campanie), (belle époque).

5 — 6 pièces. Nola, (pseudo-archaïsme).

6 — 17 pièces. Nola, décadence.

7 — 12 pièces. Capoue.

8 — 24 pièces. Cumes.

9 — 48 pièces. Étrurie. Quelques-uns de ces vases sont remarquables par leur conservation et la beauté de leur forme.

10 — 12 pièces. Ruvo.

11 — 11 pièces. Gnatia.

12 — 23 pièces. Rome.

13 — Nombreux fragments fort beaux et assez grands de terre d'Arrezo.

14 — 3 pièces. Verre irisé dont un plat assez grand.

15 — 14 moules et fragments de moules dont quelques-uns portent encore la signature de leurs auteurs.

16 — 8 pièces. Athènes : Lecythus à panse blanche.

17 — 140 pièces. Vases de formes très variées et quelques-uns assez rares, provenant des fouilles faites dans l'île de Chypre.

18 — 50 pièces. Italiotes, période de la décadence.

19 — 68 pièces. Troade et l'archipel grec.

20 — 32 pièces. Phénico-grecques, Rhodes. Dans cette partie se trouvent plusieurs pièces très rares et en particulier un fourneau ayant quatre anses en forme de figurines en terre grise, un autre fourneau en terre noire, de grands vases également en terre noire et de forme originale, les uns bien conservés, les autres raccommodés, mais tous remarquables au point de vue archéologique.

21 — Un lot de 154 lampes dont quelques-unes portent la signature de l'auteur.

FIGURINES

22 — 100 pièces. Figurines, têtes ou fragments, dont 32 grandes et 67 petites ou moyennes, provenant de Grèce et d'Asie mineure, en pierre, marbre ou terre cuite.

23 — 32 pièces. Rhodes, types archaïques et primitifs, oiseaux, coqs têtes et bustes. Un de ces coqs en particulier de grandes dimensions : dont un Apollon en terre cuite de 0^m,56 de hauteur (n° 221).

24 — 48 pièces. Figurines et têtes d'Égine, Thèbes, Thespies, Tarse, Chypre, dont une remarquable statuette de jeune fille debout, très ancien style (cypriote), (n° 214).

25 — 85 pièces. Cyrénaïque, Cilicie, Athènes.

26 — 9 pièces. Antéfixes dont un remarquable et dans un très bel état de conservation.

27 — 11 pièces Débris humains, pieds, yeux, oreilles.

28 — 2 urnes cinéraires, étrusques. avec le couvercle orné d'une figurine couchée.

29 — 50 pièces. Têtes et figurines de Tarente.

30 — Meules romaines en pierre.

31 — Stèles arabes en marbre.

31 *bis* Terres cuites reproduisant des bas-reliefs du Parthénon.

CÉRAMIQUE GAULOISE ET GALLO-ROMAINE

32 — 150 pièces. Vases, urnes, plats, de formes les
plus diverses et de différentes terres, provenant
des fouilles faites dans les centres gallo-romains et dans les tombeaux mérovingiens.

POTERIES

33 — 185 Poteries Lacustre et Gaule indépendante.
34 — 186 Verreries de Lutèce.
35 — Il sera vendu en outre une collection de pièces
préhistoriques.

BRONZES

Grecs, Romains, Moyen Age, Gaulois et de l'Age de Bronze

36 — Un Vase, patine bleue, très beau : hauteur 0^m23,
diamètre 0^m16, gravé de dessins, avec le col en
forme de trèfle, avec une anse élevée ornée
de figures.
37 — 50 Statuettes, dont quelques-unes fort bien con-
servées.
38 — Un lot d'objets, débris de Vases.
39 — 22 pointes de Javelots.
40 — 22 Fers de lances.

41 — 20 Miroirs et débris de miroirs.

42 — 13 Haches.

43 — Un lot de Sonnettes et de fragments.

44 — Plusieurs lots de Fibules, Bracelets, Colliers, Bagues, Ornements, Anses et fragments d'anses, fragments d'Épées et objets trouvés dans les tombeaux gallo-romains et mérovingiens.

45 — Plusieurs lots de Ferrements et Bronzes du moyen âge.

46 — Plusieurs lots de Clefs.

47 — Un lot de Cuillers du moyen âge.

ANTIQUITÉS ÉGYPTIENNES

Haute antiquité.

48 — 34 pièces bois : Statuettes debout et assises avec inscriptions hiéroglyphiques, décorées de peintures, têtes d'animaux, peignes, etc.

49 — 3 pièces bronze : Hibou, Singe, Tête d'homme.

50 — 15 pièces : Figurines terre cuite émaillée bleue et verte.

51 — 27 pièces : Objets divers, terre cuite, albâtre, verre multicolore, etc.

Antiquité plus rapprochée.

52 — 300 pièces environ représentant des dieux, des animaux, des statuettes de toutes grandeurs, en terre cuite, émaillée ou non, bronze,

albâtre, bois, pierre, etc., et en particulier,
une grande stèle de bois avec hiéroglyphes
en couleurs; plusieurs sceaux dont quelques-
uns ont appartenu à des officiers royaux, etc.

53 — 4 Boîtes de menus objets de l'antiquité égyp-
tienne, asiatique, grecque et romaine, en or,
argent, ambre et matières diverses.

54 — 171-172-173-174-175-176. — Tableaux égyptiens.

55 — 177-178. — Photographies de monuments égyptiens.

56 — 179. — Gravures de monuments anciens égyptiens.

57 — 180. — Estampages égyptiens, assyriens, moyen
âge, etc.

58 — 181. — Gravures, monuments égyptiens.

59 — 184. — Bandelettes et momies égyptiennes,
papyrus.

ANTIQUITÉS MEXICAINES

60 — Vase funéraire zapotèque (Oajaca-Mexique), vase
très remarquable.

61 — Vase funéraire, figure humaine accroupie, même
provenance.

62 — Vase en forme de pied humain (environs de
Puebla).

63 — Un petit vase portant sur la panse la représentation de la tête d'aigle, couleur rougeâtre sur
fond gris.

64 — Vase à cinq anses, ornées d'hiéroglyphes, rappe-
lant les belles couleurs des poteries de Cholula ; provenant probablement de Tola (État
de Nicaragua).

65 — Vase même genre, Amérique centrale.

66 — Vase à figure humaine (représentation du dieu
Thaloc) objet probablement trouvé au pied
du Popocatepetl.

67 — Vase à figure humaine avec *sonajas* (sonnerie),
couleur rouge, un pied cassé, environs de
Puebla.

68 — Un vase funéraire à libations, intact, hiéroglyphes faits au trait après la cuisson.

69 — Un très beau fragment (manche de brûle-parfums-
Tlemell), poterie de Cholula.

70 — Malcajete : Écuelle sur trois pieds, Amérique
centrale, portant des hiéroglyphes au fond.

71 — Figurine zapotèque (vallée de Oajace).

72 — Figurine zapotèque (vallée de Mexico), passée à la
chaux.

73 — Statuette, terre cuite Yucatan, avec sifflet (rare).

74 — Écuelle (cassée et recollée), vallée de Mexico.

75 — Vase à anse terminée par une tête d'animal (Amérique centrale).

76 — Un autre Vase (même provenance), orné de dessins
blancs sur fond rouge.

77 — Un lot de quatre Sceaux, vallée de Mexico.

78 — Petite tête fantastique (trouvée dans l'État de Vera-
Cruz).

79 — Autre tête, même provenance.

80. — Autre tête, même provenauce.

81 — Statuette avec sonajas, même provenance.

82 — Pilon, pierre à broyer des Mexicains.

83 — Idole zapotèque, pierre dure.

84 — Lot de vingt-six petites têtes trouvées à San-Juan
Teotituacan.

85 — Lot de vingt fragments variés, têtes d'idoles,
statuettes trouvées dans la vallée de Mexico.

86 — Un Pied de vase représentant une tête d'aigle
avec traces de peinture brune sur fond blanc.
Vallée de Mexico.

87 — Tête fantastique ayant servi de pied de vase,
poterie lustrée. Vallée de Mexico.

88 — Une série de douze moules pour des têtes et
des statuettes, provenances variées.

89 — Un fragment d'os humain avec stries, instrument
de musique. Vallée de Mexico.

90 — Vase en forme de pied humain, jouet postérieur
à la conquête, environs de Oajaia.

91 — Base d'un vase de Cholula, poterie rougeâtre
brunie.

92 — Lot de poteries (3 fragments) du siècle passé
trouvées dans la grotte de San Pedro, près de
Lima.

ILES CARAÏBES

93 — Idole caraïbe en roche dure.

PÉROU

94 — Statuette, figure humaine debout (h. 0^{m}47,
     l. 0^{m}18), provenant probablement du cime-
     tière d'Ancon (Pérou).

95 — Statuette (les jambes manquent), (h. 0^{m}34, l. 14)
     (même provenance).

96 — Un Vase à tête humaine orné de peintures
     brunes (h. 0^{m}37, l. 0^{m}20) (complet, même
     provenance).

97 — Un Vase à figure humaine tenant elle-même
     un petit vase (h. 0^{m}36, l. 0^{m}18), même
     provenance.

98 — Une statuette debout (h. 0^{m}25, l. 0^{m}14).

99 — Une autre figure humaine (h. 0^{m}25, l. 0^{m}10)
     cassée et recollée.

100 — Un grand Vase ovoïde orné de dessins bruns à
      anses, avec un animal rappelant le singe.
      Le col du vase manque (h. 0^{m}33, diamètre
      0^{m}26).

101 — Un grand Vase ovoïde (complet) (h. 0^{m}32, dia-
      mètre 0^{m}22), deux anses.

102 — Une Jarre avec une seule anse (h. 0^m32, diamètre 0^m20) fêlée.

103 — Un Vase en forme de gourde orné d'une grecque avec deux anses (diamètre 0^m18).

104 — Un Vase à figure humaine à anses (h. 0^m15).

104 *bis* —   —   (col cassé).

105 — Un Vase à anses représentant des figures humaines.

106 — Un Vase à double figure humaine.

107 — Un Vase représentant une tête humaine orné d'hiéroglyphes, col endommagé (h. 0^m19).

108 — Vase à tête humaine et à anses orné d'oiseaux en relief sur la panse du vase (h. 0^m24).

109 — Vase dont le goulot porte une figure humaine à anses (h. 0^m25),

110 — Gourde à anse et goulot avec trois personnages en relief sur la panse se tenant par la main (pièce remarquable).

111 — Vase à trois anses avec figure humaine formant goulot (h. 0^m24), bord abîmé.

112 — Vase pareil au précédent mais à une seule anse et bien mieux conservé (h. 0^m24).

113 — Vase ovoïde à deux anses avec goulot formé par une figure humaine couchée (h. 0^m18) et traces de peinture brune circulaire.

114 — Vase avec traces de peinture, à anses (fêlé) dont une formée par une sorte de singe (h. 0^m23).

115 — Vase funéraire avec une grande anse en forme de panier, et ayant au-dessous un animal indéterminé (h. 0^m24).

116 — Un Singe formant un vase à anse (un bras cassé), (h. 0ᵐ15).

117 — Un cylindre creux surmonté d'une figure humaine accroupie (h. 0ᵐ15, long. 0ᵐ26).

118 — Une Statuette funéraire (h. 0ᵐ12) ornée de peintures.

119 — Autre Statuette (h. 0ᵐ14).

120 — Un Moule de statuette (h. 0ᵐ11).

121 — Un Vase à figure humaine (h. 0ᵐ10).

122 — Un Vase à goulot en forme de tête humaine avec traces de peinture (h. 0ᵐ14) avec une anse.

123 — Un autre Vase à goulot (h. 0ᵐ15) avec une anse.

124 — Un Vase surmonté d'un singe (objet curieux, mais cassé à la panse).

125 — Vase à sifflet (deux vases accouplés ensemble ornés de grecques, l'un des goulots surmonté d'un oiseau (h. 0ᵐ13) très bien conservé.

126 — Autre Vase même forme sans peinture, oiseau cassé (h. 0ᵐ13).

127 — Autre Vase même forme, sifflet cassé (h. 0ᵐ13), poterie blanchâtre.

128 — Un autre Vase même forme, poterie noire, sifflet cassé (h. 0ᵐ16).

129 — Deux Vases accouplés ensemble, réunis par une anse; à la partie supérieure d'un de ces vases une sorte de niche contenant une figure humaine, objet rare, terre rougeâtre (h. 0ᵐ17).

130 — Deux Vases accouplés ensemble dont l'un représente un aigle, poterie noire (h. 0ᵐ16), parfait état.

131 — Un Vase représentant le guanaco (lama) chargé, surmonté d'une anse (cassée et recollée), objet curieux (h. 0m27).

132 — Un animal en terre cuite (le guanaco) (l. 0m18, h. 0m08).

133 — Un animal indéterminé, orné de peintures (l. 0m30, h. 0m10).

134 — Un petit animal surmonté d'un autre animal dont la tête a disparu (long. 0m12), orné de peintures.

135 — Un autre petit animal ventru, monté sur quatre pattes (jouet) orné de peintures (long. 0m13).

136 — Le même (l. 0m15).

137 — Un autre (l. 0m13).

138 — Un autre (l. 0m11).

139 — Un autre plus petit.

140 — Un Petit Vase, animal dont la tête manque (0m08).

141 — Un Petit Vase à goulot avec un singe accroupi (h. 0m13), terre noirâtre.

142 — Un Vase en forme de gourde avec deux anses et goulot orné de dessins bruns (h. 0m25), goulot un peu endommagé.

143 — Un Vase terre blanche (h. 0m11), terre blanchâtre.

144 — Un Petit Vase, même genre, forme aplatie, diamètre 0m,11.

145 — Un Vase sphérique orné de dessins; près de l'ouverture est fixé un petit animal (h. 0m,18).

146 — Un Vase à deux anses sphérique (goulot endommagé, h. 0m,20).

147 — Un Vase sphérique à deux anses (orné d'animaux en bas-reliefs, goulot cassé, h. 0ᵐ,20).

148 — Un Vase orné de figures fantastiques, terre blanchâtre, (h. 0ᵐ,17).

149 — Un Masque formé de tissus péruviens anciens, trouvés dans les huacas (tombeaux).

150 — Un Vase en terre cuite noire circulaire (diamètre 0ᵐ,16).

151 — Trois Cassolettes en bronze, l'une d'elles conservant à sa paroi extérieure des traces de tissus (diamètre 0ᵐ,13 à 0ᵐ,15).

152 — Un Vase en forme de tête de hibou (h. 0ᵐ,06), pièce assez curieuse.

153 — Un Lot de 6 fragments variés.

154 — Un Vase ovoïde orné de peintures (h. 0ᵐ,16) à deux anses.

155 — Un Vase à deux anses terminées en pointe, terre rouge (h. 0ᵐ,17).

156 — Deux Petits Cratères, terre blanche (diamètre 0ᵐ,11).

157 — Un Petit Vase à anse (h. 0ᵐ,10) orné de peintures et d'une petite figure en relief.

158 — Sorte de Coupe oblongue (h. 0ᵐ,16)

159 — Vase à anse orné de petites granulations (h. 0ᵐ,15, diamètre 0ᵐ,18).

160 — Vase à forme d'oiseau surmonté d'une anse à goulot, terre rouge brunie, intact.

161 — Un Petit Vase brun à deux anses (h. 0ᵐ 12).

162 — Un Vase à anse (représentation d'un animal, tête cassée, h. 0ᵐ,14).

163 — Un Vase à goulot, terre noire, en forme de
courge dont l'extrémité forme anse (h. 0^m,18).

164 — Un Vase à goulot, terre noire (h. 0^m,20).

165 — Un Vase à deux anses orné de granulations
(le goulot manque), représentant un fruit
(h. 0^m,14).

166 — Un Vase côtelé en forme de melon, à goulot
(h. 0^m,20).

167 — Un Vase sphérique à goulot (h. 0^m,25).

168 — Un Petit Vase côtelé à deux anses (h. 0^m,10).

169 — Un Petit Vase à anse (h. 0^m,10).

170 — Trois Petits Vases, terre noire, de 0^m,05 à 0^m,10.

171 — Un vase à anse, terre blanchâtre (h. 0^m17) fêlé.

172 — Une écuelle en terre cuite (diamètre 0^m 20).

173 — Un vase à long goulot, terre noire, deux anses
(h. 0^m20).

174 — Un vase à base conique à anses noires, à
goulot, cassé à la base.

175 — Un vase sphérique à anses, à col très évasé,
bien conservé (h. 0^m 20).

176 — Un vase à anse très noire (h. 0^m 15).

177 — Un vase à anses dont l'une cassée (h. 0^m25)
pièce curieuse.

178 — Vase en forme de gourde ovoïde à deux anses
réunies, avec goulot, ornées de peintures
(h. 0^m22).

179 — Un vase à anses, orné d'oiseaux en relief (brisé)
(pièce curieuse).

180 — Un vase à terre noire, à anse, forme allongée
brisée (0^m23).

181 — Une gourde en terre noire à anses (0^m22).

182 — Une gourde à une anse seulement (h. 0m22).

183 — Un vase en forme de gourde (terre rouge) une anse cassée (h. 0m17).

184 — Un vase à panse côtelée (h. 0m18).

184 *bis* Cinq petites coupes, diamètre de 0m10 à 0m16, terre blanchâtre.

185 — Un petit métier à tisser, péruvien, très primitif, mais très curieux, avec ses accessoires, fuseaux, fils, tissus du temps, etc.

NUMISMATIQUE

Médailles antiques, grecques, romaines et byzantines.

1 — Sous ce numéro seront vendus, quantité de lots de médailles grecques autonomes argent et bronze.

2 — Également de nombreux lots de médailles grecques impériales de villes diverses.

3 — Plusieurs lots de mêmes médailles pour Antioche de Syrie.

4 — Plusieurs lots de mêmes médailles, frappées en Égypte depuis Auguste jusqu'à Constance Chlore.

5 -- As romains coulés avec leurs divisions, plusieurs lots.

6 — As frappés, y compris les monétaires d'Auguste, plusieurs lots.

7 — Médailles consulaires d'argent, plusieurs lots.

8 — Médailles consulaires de bronze, plusieurs lots.

9 — Médailles impériales d'argent, plusieurs lots.

10 — Médailles impériales, grand, moyen et petit bronze, une très grande quantité de lots tous variés de têtes et de modules.

11 — Médailles byzantines argent et bronze, plusieurs lots.

Monnaies du moyen âge et modernes.

12 — Quantité de lots de monnaie française argent, billon et cuivre, depuis les Mérovingiens jusqu'à nos jours. Quelques pièces rares, mérovingiennes et carlovingiennes, seront vendues séparément.

13 — Essais en étain des concours pour les rois Charles X et Louis-Philippe.

14 — Essais du concours de 1848, également en étain. Quelques pièces de 10 centimes frappées en bronze.

15 — Plusieurs lots de monnaie seigneuriale française, argent et billon.

16 — Un grand nombre de lots de monnaie étrangère de tous pays, argent et bronze.

17 — Plusieurs lots de monnaies arabes, un certain nombre de pièces seljoucides, très belles.

Médailles artistiques, médailles frappées avec personnages, faits historiques. etc,

18 — Plusieurs belles pièces de la fin de la Renaissance seront vendues séparément.

19 — Quantité de lots de médailles françaises et étrangères, médailles papales, etc., etc.

20 — Plusieurs lots de médailles de la Révolution française, 1789 à 1800, bronze et étain.

21 — Plusieurs grands lots de médailles des Révolutions de 1848 et 1870. Cuivre et étain.

22 — Plusieurs lots de jetons français. Étain et cuivre.

23 — Quantité de lots de moulage en étain de médailles, jetons, etc.

24 — Plusieurs lots de beaux moulages en étain de médailles grecques et romaines, coins de Becker, etc.

25 — Plusieurs lots de médailles, de coins faux ou de médailles romaines rares, mais coulées en bronze.

26 — Une très belle suite de médailles romaines avec contremarques, depuis l'époque consulaire jusqu'au règne de Vespasien. Cette série de contremarques est peut-être la plus complète connue.

27 — Collections d'assignats et de toute sorte de documents concernant leur histoire.

---

28 — Collection de timbres fiscaux, timbres secs, papiers timbrés.

29 — Parchemins, brevets parchemins, sceaux (franc-maçonnerie, etc.)

30 — Deux boîtes de sceaux.

31 — Collections de timbres.

Il sera vendu en outre un mobilier de peintre, d'architecte et archéologue, vitrines, règles, planches à dessin, pinceaux, couleurs, palettes, etc., etc.

IMPRIMERIE CHAIX. 20, RUE BERGÈRE. PARIS. — 1192-1-8.

www.ingramcontent.com/pod-product-compliance
Ingram Content Group UK Ltd.
Pitfield, Milton Keynes, MK11 3LW, UK
UKHW021315190726
13839UKWH00007B/1858